BEI GRIN MACHT SICH IHR WISSEN BEZAHLT

Nora Demattio

Eine Analyse des Werks: Alices Abenteuer im Wunderland

3-Phasen-Modell der Bewusstseinsmatrix nach Christian Rätsch

GRIN Verlag

Bibliografische Information der Deutschen Nationalbibliothek:

Die Deutsche Bibliothek verzeichnet diese Publikation in der Deutschen National-
bibliografie; detaillierte bibliografische Daten sind im Internet über http://dnb.d-
nb.de/ abrufbar.

Impressum:

Copyright © 2007 GRIN Verlag GmbH
Druck und Bindung: Books on Demand GmbH, Norderstedt Germany
ISBN: 978-3-656-10311-0

Dieses Buch bei GRIN:

http://www.grin.com/de/e-book/187121/eine-analyse-des-werks-alices-abenteuer-
im-wunderland

GRIN - Your knowledge has value

Der GRIN Verlag publiziert seit 1998 wissenschaftliche Arbeiten von Studenten, Hochschullehrern und anderen Akademikern als eBook und gedrucktes Buch. Die Verlagswebsite www.grin.com ist die ideale Plattform zur Veröffentlichung von Hausarbeiten, Abschlussarbeiten, wissenschaftlichen Aufsätzen, Dissertationen und Fachbüchern.

Besuchen Sie uns im Internet:

http://www.grin.com/

http://www.facebook.com/grincom

http://www.twitter.com/grin_com

Proseminararbeit

„Kultur- und Sozialanthropologisches Schreiben"

„Alices Abenteuer im Wunderland"

Eine Analyse des Werks mittels 3-Phasen-Modell

der Bewusstseinsmatrix nach Christian Rätsch

Universität Wien

Wintersemester 2006/07

Wien, am 6. 12. 2006

Name: Nora Demattio

INHALTSVERZEICHNIS

I WISSENSCHAFTLICHE ARBEIT

1. Einführung 3

2. Forschungsfrage und Begriffsdefinition 4

3. Das 3 – Phasen - Modell der Bewusstseinsmatrix nach Christian Rätsch 5

    3.1. Die Veränderung der Wahrnehmung 5

    3.2. Der Tunneleffekt 6

    3.3. Die andere Welt 6

4. Conclusio 8

Bibliografie 9

II JOURNALISTISCHE ARBEIT

Alice im Wunderland – Syndrom oder Fähigkeit? 10

1. Einführung

In meiner Arbeit setze ich mich mit einem Hauptwerk der Nonsens – Literatur im Hinblick auf Merkmale von außergewöhnlichen Bewusstseinszuständen auseinander.

Alice im Wunderland von Charles Lutwidge Dodgson alias *Lewis Carroll* erzählt eine Geschichte von einem Mädchen, das im wahrsten Sinne des Wortes kopfüber in ein Abenteuer stürzt, in der sich ihr eine Welt offenbart, die in keinster Weise eine konstante Form zu haben scheint. Der Zeitbegriff ist nur ein Wort, Dinge und Wesen verändern sich ständig und auch sie. Sie trinkt einen Schluck aus einer Flasche und wird winzig klein, isst einen Bissen von einem Kuchen und „...zieht sich auseinander wie das größte Fernrohr, das es je gab..." (Carroll 1999: 19). Sie philosophiert mit Tieren, sucht nach ihrem Selbst - da sie ihr ihr bekanntes Ich mehr und mehr in Frage gestellt sieht, und es sich aufzulösen scheint -, spielt mit riesenhaften Hündchen und trifft schließlich auf eine Raupe, die gemütlich auf einem Pilz sitzend eine Huka raucht. Sie macht ihre Bekanntschaft mit der „Grinsekatze", besucht eine verrückte Teegesellschaft und gelangt schließlich zu der Herzkönigin. Nach einem mehr missglückten als geglücktem Krocketspiel muss sie zu guter Letzt auch noch einer, auf dem ersten Blick, sinnlosen Verhandlung beiwohnen. Nachdem sie jedoch ihre Erkenntnis[1] gewonnen hat, kehrt sie unbeschadet in die ihr vertraute Realität zurück.

Die Geschichte erschien 1865, lange bevor man überhaupt erahnen konnte, dass es in den 60er Jahren des folgenden Jahrhunderts eine große „Psychedelische Welle" geben sollte. Dennoch ist meine Vermutung, dass der Autor einer der wenigen Menschen zu jener Zeit in Europa war, der über die besondere Wirkung dieser speziellen Pilzarten Bescheid wusste und sie auch anwendete. Warum?

Meine Vermutung basiert einerseits auf der Tatsache, dass es, auch wenn sie damals noch nicht populär waren, bereits einige Berichte über den Effekt sogenannter „Narrenschwämme" (Gartz 1999) existierten. Andererseits lassen sich in dem Werk, meiner Meinung nach, eindeutige Hinweise auf bzw. Merkmale von Außergewöhnlichen Bewusstseinszuständen (ABZ) nachweisen, die ich in Zusammenhang stelle mit psychedelisch wirkenden Pilzen.

Zum Ziel meiner Arbeit habe ich mir gesetzt, ebendiese herauszuarbeiten und sichtbar zu machen, wobei ich mich dabei auf das 3-Phasen-Modell der Bewusstseinsmatrix nach Christian Rätsch stütze.

---

[1] Was diese „Erkenntnis" ist, darauf gehe ich auf Seite 5 genauer ein.

2. Forschungsfrage und Begriffsdefinition

Die Forschungsfrage, die ich mir zu Beginn der Arbeit stellte, lautete:

Welche Merkmale von Außergewöhnlichen Bewusstseinszuständen finden sich in der Geschichte von „Alice im Wunderland" und wie drücken sie sich aus?

Um der Fragestellung gewissenhaft nachkommen zu können, ist es notwendig eine Definition zu formulieren, um ersichtlich zu machen, was ich unter einem Außergewöhnlichen Bewusstseinszustand (ABZ) verstehe:

1. Wenn das erlebte „Empfinden" eine Bewusstseinszustands – d.h. eine bestimmte Struktur, eines Organisationsstils, bezogen auf den gesamten geistig-seelischen Funktionsbereich eines Menschen zu einem ganz bestimmten Zeitpunkt – sich radikal von dem eines anderen unterscheidet, dann kann man von einem „veränderten Bewusstseinszustand" (bzw. ABZ) sprechen. (Tart 1978: 25f.)

2. Außergewöhnliche Bewusstseinszustände können durch äußere (exogene) oder innere (endogene) Stimuli ausgelöst werden, durch psychoaktive Drogen oder körperlich-geistige Techniken. (Rätsch 1993: 21)

3. „Obwohl die Erfahrung veränderter Bewusstseinszustände sehr unterschiedlich erscheinen können, liegt ihnen doch eine gemeinsame Struktur zugrunde." (Rätsch 1993: 22) Diese zeigt das 3-Phasen-Modell der Bewusstseinsmatrix.

4. Den Kern von ABZs charakterisieren Dittrich und Scharfetter (1987: 38) folgendermaßen:

- Veränderung der Denkabläufe
- Veränderung des Zeiterlebens
- Angst vor Verlust der Selbstkontrolle
- Intensive Emotionen (Glückseligkeit bis Panik)
- Körperschema-Veränderung (bis „Körperlosigkeit")
- optisch-halluzinatorische Phänomene, Synästhesien
- verändertes Bedeutungserleben

4

3. Das 3 – Phasen - Modell der Bewusstseinsmatrix nach Christian Rätsch

Das Modell von Christian Rätsch (1993: 41) beschreibt die schrittweise Veränderung des Bewusstseins mittels drei Phasen in Bezug auf die Wahrnehmung, Neurophysiologie, Form und Inhalte. Zwar bezieht er sich hier auf die sogenannte „Halluzinatorische Trance", aber wie bereits in meiner Definition angeführt, liegt Erfahrungen von ABZs eine gemeinsame Struktur zugrunde, die sich meiner Meinung nach im Werk Lewis Carrolls sehr offensichtlich zeigt. Ebenso verhält es sich mit dem nach Dittrich und Scharfetter beschriebene Kern von außergewöhnlichen Bewusstseinszuständen. Auf Grund der Vorgabe bezüglich der Länge dieser Arbeit ist es mir leider nicht möglich mein Vorhaben in seiner Ganzheit durchzuführen, aber selbst in einigen wenigen wird meine Behauptung sich – hoffentlich - logisch und nachvollziehbar beweisen.

3.1. Die Veränderung der Wahrnehmung

Das Träumen, als veränderter Bewusstseinszustand, ist allen Kulturen bekannt. Nebenher kennen sie häufig zahlreiche veränderte Zustände des Wachbewusstseins, kurz VWB. Sie werden als etwas ganz Natürliches angesehen und sind somit einem jeden zugänglich. (Rätsch 1993: 24) Warum erwähne ich das an dieser Stelle?

Die Geschichte der kleinen Alice wurde als Traum konzipiert; somit könnte man mir entgegensetzen, dass sie somit ohnedem als Verschriftlichung eines ABZ angesehen werden muss. Dennoch behaupte ich, dass die *Alices Abenteuer im Wunderland* eher gleichzusetzen wären mit den Erfahrungen, die man während Trips auf psilocybinhaltigen Pilzen erlebt, denn Dittrich und Scharfetter gehen bei ihrer Beschreibung des Kerns von VWBs aus. Weiters bezieht sich das 3-Phasen-Modell speziell auf die „Halluzinatorische Trance", beschreibt also ebenfalls einen veränderten Wachzustand. Wie zeigt es sich somit in der Geschichte?

Alice befindet sich zu Beginn mit ihrer Schwester an einem Ufer und beginnt sich zu langweilen, als plötzlich ein weißes Kaninchen mit rosa Augen dicht an ihr vorbei läuft. Zunächst erscheint es ihr nicht sonderlich außergewöhnlich, selbst als sie es sprechen hört. Doch als es *wahrhaftig eine Uhr aus der Westentasche zog* (Carroll 1999: 10) darauf sah und weitereilte, sprang Alice auf und eilte ihm hinterher. Genau diese Stelle zeigt meiner Meinung nach sehr klar die Veränderung der Wahrnehmung, der sie sich bereitwillig öffnet.

3.2. Der Tunneleffekt

Alice erhascht gerade noch einen Blick auf das Kaninchen, als es mit einem Satz hinter einer Hecke verschwand. Im nächsten Augenblick springt das Mädchen hinterdrein und findet sich in einem großen Kaninchenbau wieder.

„Der Kaninchenbau führte anfangs wie ein <u>Tunnel</u>[2] geradeaus, senkte sich aber dann so plötzlich in die Tiefe, dass Alice keinen Halt mehr fand und in einen senkrechten <u>Schacht</u> fiel."[3] Der Tunneleffekt wird in der Literatur auch beschrieben als psychedelischer Durchbruch und steht laut Christian Rätsch inhaltlich in Bezug mit Geburtstrauma, angstvoller Ich-Auflösung sowie Tod und Wiedergeburt (vgl. Rätsch 1993: 41).

Und dann ist plötzlich ihr Fall zu Ende.

Was jedoch nicht zu Ende ist, so sehe ich das, ist der Tunneleffekt. Sie befindet sich noch nicht in der anderen Welt, denn diese ist ihr auf Grund einer kleinen Türe, durch die sie unmöglich so wie sie ist hindurch kann. Sie wünscht sich „Könnte ich mich doch zusammenschieben wie ein Fernrohr!"(Carroll 1999: 24) Was ihr schließlich auch gelingt, nachdem sie ein paar Schluck aus einem Fläschchen tut, das sich auf wundersamer weise auf einmal auf dem Glastisch befindet, von wo sie den Schlüssel zu dem Türchen gehabt hat.

Und so passiert es zum ersten Mal in der Geschichte, dass Alice eine sogenannte Körperschema-Veränderung erlebt, und somit sich auch einer angstvollen Ich-Auflösung (Rätsch 1993: 41) gegenübergestellt sieht: „Zuerst wartete sie jedoch noch ein paar Minuten, um festzustellen, ob die Schrumpfung andauern würde. Diese Befürchtung machte sie ein wenig unruhig. „Denn es könnte ja passieren", sagte sie, „dass ich wie eine Kerzenflamme verlösche, ..." (Carroll 1989: 20)

---

[2] Rätsch 2001, S. 13 Heinrich Klüver war der erste westliche Forscher, der sich mit den „konstant auftretenden Formen optischer Halluzination" beschäftigt hat. Er hat vier Kategorien von Formenkonstanten entdeckt und beschrieben (Klüver 1965):
- <u>Gitter</u>, Gitterwerk, Filigranarbeit, Waben, <u>Schachbrett</u> (das Hauptmotiv bei „Alice hinter den Spiegeln")
- Spinnwebmuster
- <u>Tunnel</u>, Trichter, <u>Schächte</u>, Alleen, Kegel
- Spiralen, Strudel

[3] Carroll 1989, S. 6-7 Ich greife in dieser Arbeit auf zwei unterschiedliche Ausgaben/ Übersetzungen von „Alice`s Adventures in Wonderland" zurück, da die Transkription ins Deutsche – meiner Meinung nach - einmal bei dem einen Werk und einmal bei dem anderen Werk besser getroffen ist.

3.3. Die andere Welt

Diese eröffnet sich meiner Meinung nach, als Alice zum ersten Mal - nach dem Treffen auf die Raupe, die eine Huka rauchend auf einem Pilz saß - von dem Pilz gekostet hat. Ein grinsendes Wesen, die „Grinsekatze" das ständig unerwartet daraufhin auftaucht, erscheint. Sie wird in verwirrende Gespräche verwickelt und alles wird danach noch verrückter als bisher. Sie trifft auf die „verrückte Teegesellschaft" und verschafft sich mittels Verzehr eines Stückchens des Pilzes schließlich Zutritt zu dem wunderschönen Garten. Dort wird sie am Ende Zeugin bei einem Prozess um gestohlene Törtchen und gelangt zu ihrer Erkenntnis: Dinge haben nur den Wert, den man ihnen verleiht bzw. den ich ihnen verleihe.[4] Das „Kartenhaus" fällt in sich zusammen, und sie erwacht aus ihrem „Traum".

Das Auffallendste an der Geschichte der kleinen Alice ist die ständige Körperschema-Veränderung. Meine Frage ist, ob der Autor vielleicht eigene Erlebnisse mit psychedelischen Substanzen hier verarbeitet hat. Es sprechen, denke ich, sehr viele Dinge dafür.[5] Sehr markant ist für mich das Kapitel mit der Raupe auf dem Pilz. Ebenfalls ein Signal für den möglichen psychedelischen Einfluss auf das Werk ist das wiederholte Signalwort „Gift", wenn es darum geht, eine Alice unbekannte Substanz zu sich zu nehmen und sich weiter in die Welt vor zu wagen. Selbst wenn es nicht direkt mit dem Pilz zusammen genannt wird, erinnert es mich doch an das, was wohl jedes Kind schon einmal gehört hat, wenn es Schwammerl suchen geht: „Pflück und iss keine Pilze die du nicht kennst, sie könnten giftig sein!" Und auch Jochen Gartz erwähnt: „Aber nicht alle Pilze lassen den Menschen am göttlichen Bewusstsein teilhaben. Es sind nur jene, die im christlichen Europa des späten Mittelalters und der frühen Neuzeit als giftige vom Teufel gesandte Narrenschwämme galten." (Gartz 1999: 7)

---

[4] Ich möchte hier betonen, dass ihre „Erkenntnis" hier allein die ist, die ich gewonnen habe. Meiner Meinung nach ist sie aber logisch und klar nachzuvollziehen. Siehe Carroll 1999, S. 145
[5] Ich gehe der Vermutung nach, dass Lewis Carroll eventuell psychoaktive Pilze verzehrt haben könnte, obwohl die erste so genannte „psychedelische Welle" etwa um 1955 begann (siehe Adelaars, Alles über Psilos. Handbuch der Zauberpilze, Rieden 2003, S.21-28.). Doch dass die Wirkung bereits früher bekannt war, zeigt mitunter ein Schriftstück aus dem Jahre 1799 aus einem englischen Journal über die Vergiftung mit Psilocybe Semilanceata. J. Sowerby gab bereits 1803 ein Buch heraus, das die Beschreibung des typischen Psilocybinsyndroms beschrieb. Siehe: Gartz 1999, S. 17-20.

4. Conclusio

Die Geschichte zeigt deutlich die schrittweise Veränderung des Bewusstseins, welche ich anhand des 3-Phasen-Modells illustriert habe, angefangen mit dem Bemerken des Kaninchens, über die Szene im Kaninchenbau und dem Fall, bis hin zum Treffen auf die Raupe auf dem Pilz, der ihr schließlich ermöglicht in den Garten und somit zu Ihrer Erkenntnis zu gelangen. Aber nicht nur das allein stellt für mich einen möglichen Beweis dar, dass der Autor die Wirkung der „Narrenschwämme" gekannt haben muss. Besonders aussagekräftig sind für mich auch die Kernpunkte die im Werk alle dargestellt werden, welche ich aber nur auszugsweise erwähnen konnte, wie zum Beispiel die ständige Körperschema–Veränderung und natürlich die mehrmalige Erwähnung des Wortes „Gift".

Der Autor hat hier offensichtlich eine außergewöhnliche Erfahrung geschickt in Worte und einen Traum verpackt, der bei genauerer Betrachtung sich doch beinahe zu leicht aufzulösen scheint und nur das zurücklässt was dahinter steht: eine eindeutige Struktur eines veränderten Wachbewusstseins.

Bibliografie

Adelaars, Arno

2003   Alles über Psilos. Handbuch der Zauberpilze. Rieden.

Carroll, Lewis

1989   Alice im Wunderland. Leipzig.

Carroll, Lewis

1999   Alices Abenteuer im Wunderland. Stuttgart.

Dittrich, Adolf / **Scharfetter,** Christian

1987   Ethnopsychotherapie: Psychotherapie mittels außergewöhnlicher Bewusstseinszustände in westlichen und indigenen Kulturen. In: **Dittrich,** Adolf / **Scharfetter,** Christian **(Hg.):** Forum der Psychiatrie. Stuttgart: 87-103.

Gartz, Jochen

1999   Narrenschwämme. Psychoaktive Pilze rund um die Welt, Bad Dürkheim.

Rätsch, Christian

1993   Zur Ethnologie veränderter Bewusstseinszustände. In: Dittrich, Adolf/ Hofmann Albert/ Leuner, Hanscarl (Hg.): Welten des Bewusstseins. Berlin: 21-45.

Rätsch, Christian

2001   Schamanismus, Techo und Cyberspace. Berlin.

Tart, Charles

1978   Transpersonale Psychologie. Olten.

Weil, Andrew

1986   The Natural Mind. Oston.

Journalistische Arbeit

Alice im Wunderland – Syndrom oder Fähigkeit?

Die Geschichte von Alice im Wunderland fasziniert ihr Publikum zum einen wegen der vielen amüsanten Wortspiele, zum anderen aufgrund ihrer fantastischen Darstellung von irrealen Erlebnissen. Auch die Wissenschaft hat das Werk für sich entdeckt und zögert nicht - vermeintliche - Hintergründe aufzudecken und darzustellen. Eine interessante Kontroverse bezüglich ständiger Körperschema-Veränderung, der das Mädchen immer wieder unterliegt, findet sich vor allem zwischen den Bereichen Medizin und Psychologie und der Kultur- und Sozialanthropologie.

Sowohl in der Medizin als auch in der Psychologie hat man diese Besonderheit als Syndrom enttarnt. Der Psychiater John Todd benannte es 1955 „Alice-im-Wunderland-Syndrom" (*Lilliputian hallucination*). Die eigentümlichen Halluzinationen des Körperschemas, die bei Migräne auftreten können, führen zu einer verzerrten Wahrnehmung von Raum, Zeit und Körper. Man nimmt an, Carroll habe seine eigenen Migräneerfahrungen in seinen Büchern verarbeitet.

Kultur- und SozialanthropologInnen wehren sich gegen den Begriff des „Syndroms". Sie kritisieren, dass man etwas zu einem Syndrom herabqualifiziert, das in anderen Kulturen als Schamanenkrankheit und außergewöhnliche Fähigkeit gesehen wird. Man setzt die in dem Werk dargestellte Veränderung des Körperschemas in Zusammenhang mit bewusstseinsverändernden Substanzen, die der Autor möglicherweise zu sich genommen hätte und eben diese Erfahrung niederschrieb.

Welcher Annahmen man auch immer folgt, die Frage ist, ob, Fähigkeiten zu einem Syndrom und Menschen zu Patienten gemacht werden sollen. Eventuell ist es gesünder, öfter einem Kaninchen zu folgen und die Blickrichtung zu wechseln.